Inhalt

IT-Controlling - Softwarequalität lässt sich steuern

IT-Controlling - Softwarequalität lässt sich steuern

M.Westphal

Kernthesen

- IT-Abteilungen sehen sich aufgrund des steigenden Kostenbewusstseins zunehmend mit Controlling-Aufgaben konfrontiert.
- Die IT-Abteilung unterstützt das Geschäftsmodell des Unternehmens, weshalb das Controlling nicht eine reine Kostenbetrachtung verfolgen darf, sondern sich am IT-Wertbeitrag orientieren muss.
- Das traditionelle Controlling muss sich verändern, um die Anforderungen des Unternehmens an seine IT-Abteilung zielgerichtet zu steuern.

Beitrag

Der IT-Leiter muss seine Abteilung als Unternehmen im Unternehmen und damit weg von einem reinen Cost Center hin zu einem Production Center entwickeln. Wesentlich für die Professionalisierung seiner Arbeit ist die Überwachung seiner IT-Landschaft in Bezug auf Änderungen wie auch deren Auswirkungen auf das operative Geschäft.

IT-Organisationen müssen sich zunehmend mit dem Thema Controlling beschäftigen

Auch IT-Organisationen sehen sich immer stärker mit Themen wie Controlling, Benchmarking und Performance-Management konfrontiert. Daher beschäftigen sich CIOs zunehmend mit Themen wie Controlling und Return-on-Investment-Berechnungen (ROI). Die von den CFOs damit angestrebten Einsparungen berücksichtigen aber nicht, dass das derzeit angewandte Instrumentarium häufig zu reinen Pseudokalkulationen führt, die zwar die Kostenseite betrachten, nicht aber weiter gehende Effekte wie sub-optimale Prozesse aufgrund verringerter IT-Budgets. Die Controller müssen hier umdenken, da das Geschäftsmodell des Unternehmens eng mit der unterstützenden IT verknüpft ist. (1)

Das Controlling muss den Wertbeitrag der IT für das Geschäftsmodell messen

Die Messung und Steuerung des IT-Wertbeitrags ist unabdingbar, um ein effektives wie auch effizientes und damit strategisches IT-Controlling sicherzustellen. Dabei steht nicht die damit ermöglichte Kostentransparenz im Vordergrund, sondern vor allem die Ermittlung der Kennzahlen zu Leistung der IT, um so ggf. auch Verbesserungsmaßnahmen identifizieren zu können. (6)

Die rein monetär orientierte Analyse von Plan-Ist-Abweichungen für Projekte/Systeme, Personal und Kosten ist nicht ausreichend. Vielmehr muss die Frage beantwortet werden, welchen strategischen (Wert-)Beitrag der Einsatz der IT für den Erfolg des Unternehmens liefert.

Der Wertbeitrag lässt sich mittels zweier Komponenten ermitteln. So ist zum einen die Wirtschaftlichkeitsbetrachtung des ROIs von

Bedeutung. Aber der eigentliche Wertbeitrag resultiert aus der Effizienz des laufenden Betriebs, welcher eher indirekt durch Marktpreisvergleiche und Benchmarks ermittelt werden kann. Hierfür sind Umwelt-, Markt- und Konkurrenzanalysen unerlässlich.
Wichtig ist in den Controlling-Betrachtungen, einen Bezug zur Unternehmensstrategie herzustellen.

Ein wertbasiertes IT-Controllingmodell muss an die spezifischen Anforderungen und Ziele des Unternehmens angepasst werden

Die Definition eines entsprechenden IT-Controlling-Modells umfasst fünf Phasen:
- Analyse der strategischen IT-Ziele sowie Ziele des Kennzahlensystems basierend auf den Faktoren Zweckmäßigkeit, Genauigkeit, Aktualität, Kosten-Nutzen-Relation, Einfachheit, Nachvollziehbarkeit.
- Die notwendigen Prozesse und Strukturen müssen geschaffen werden, um ein einheitliches Ziel-, Kennzahlen- und Entscheidungsmodell zu ermöglichen, bei dem jede Kennzahl nur einmal an einer definierten Stelle erhoben wird.

- Transparenz der Daten durch Datenbereinigung, -selektion und aggregation.
- Ermittlung des Wertbeitrags durch Ermittlung sämtlicher Kosten und Nutzen sowie im Vorfeld einer Abschätzung der Wahrscheinlichkeit, dass alle getroffenen Annahmen auch eintreffen. Ebenso sollten alternative Lösungen, Finanzierungsmodelle und Konsolidierungsmöglichkeiten der bestehenden Architektur überprüft werden.
- Im letzten Schritt sollte dann eine gezielte Optimierung durch verschiedene externe Angebote und externe Benchmarks inklusive der Ermittlung der mit möglichen Outsourcing-Optionen verbundenen Transaktionskosten erfolgen. (6)

Steht die Realisierung verschiedener IT-Projekte an, sollten sie gemäß ihrem Wertbeitrag priorisiert werden und so auch in den Budgetierungsprozess des Unternehmens einfließen. (6)

Idealerweise wird zur Steuerung eine auf die IT-Funktion spezifisch adaptierte Balanced Scorecard genutzt. (6)
Kennzahlen zur Ermittlung des Wertbeitrags der IT sollten monetäre wie auch qualitative Kennzahlen sein. So bieten sich folgende Kennzahlen an:
- Anteil der IT-Ausgaben am Gesamtumsatz
- IT-Kosten pro Mitarbeiter
- finanzieller Nutzen einzelner IT-Projekte

ebenso an wie
- Nutzerzufriedenheit mit Kernapplikationen
- prozentuale Ausfallzeit von Kernapplikationen
- Prozessdurchlaufzeiten von IT-unterstützten Kern-
Unternehmensprozessen (6)

Die Installation von Controlling muss schon in den IT-Subprozessen ansetzen, um den Wertbeitrag zu steigern

Nicht nur im Bereich der allgemeinen IT-Budgetkontrolle ist das Controlling gefordert, sondern bei der Steuerung von IT-Projekten wie z. B. Softwareentwicklung.
So werden die immer komplexer werdenden Software-Systeme inzwischen häufig verteilt entwickelt und das in deutlich verkürzten Entwicklungszeiten sowie mit einem erhöhten Budgetdruck. Gerade schlechte Software-Qualität führt zu Folgekosten im Bereich Wartung und Weiterentwicklung, in den inzwischen bereits 60 bis 70 Prozent der IT-Budgets fließen. Der deutschen Wirtschaft gehen jährlich einige Milliarden Euro verloren aufgrund von IT-Projekten, die nicht das erwartete Ergebnis realisieren. So erfüllt nur jedes fünfte Projekt die in es gesteckten

Erwartungen, jedes vierte Projekt gar erfüllte die
Anforderungen nicht. Die Schwachstelle ist häufig
das Projektmanagement. 60 Prozent der IT-
Verantwortlichen führen mangelnde Ergebnisse bei
IT-Projekten auf Mängel bei Planung, Steuerung und
Controlling zurück. Häufig wird die Projektleitung
Mitarbeitern übertragen, die zwar eine hohe relevante
fachliche Spezialisierung aufweisen, die aber nicht
das Methodenwissen und auch die soziale
Kompetenz besitzen, derartige Projekte erfolgreich zu
steuern.
Da die Schulung interner Mitarbeiter zu lange dauert
und die Projektdauer zunehmend verkürzt wird,
vertrauen immer mehr Unternehmen auf externe
Manager, die die Projekte leiten.
Aber auch die Problematik der Entscheidung für
proprietäre Individualsoftware gegenüber
entsprechend angepasster Standardsoftware kann die
Entwicklungszeit wie auch die Kosten und auch
Folgekosten signifikant in Richtung auf die
Implementierung von Standardsoftware beeinflussen.
(4)
Ein systematisches Controlling mit geeigneten
Instrumenten und sauberer Methodik kann helfen,
die Qualität der Software-Entwicklung bereits im
Entstehungsprozess zu prüfen und zu steuern.
Definierte Kriterien können ein Frühwarnsystem für
etwaige Qualitätsprobleme etablieren. Definierte
Prüfpunkte, so genannte Quality-Gates, werden an

kritischen Punkten der Projektphase installiert, um rechtzeitig Qualitätsproblemen entgegen zu wirken. Ebenso können Test- und Abnahmeverfahren auf Komponenten-Ebene inklusive funktionaler wie auch nicht-funktionaler Testläufe Aufschluss über die Performance des späteren Systems liefern. Rechtzeitig erkannte Architekturverletzungen sowie unerwünschte Abhängigkeiten der Module untereinander können so bereits im Entwicklungsprozess sichtbar gemacht werden, um ein rechtzeitiges Gegensteuern zu gewährleisten. Dabei ist auch in der Spezifikationsphase bereits der Software-Architekt gefordert, der diejenigen Komponenten identifiziert, die im späteren Betrieb für das Gesamtsystem von hoher Bedeutung sind. So kann eine Priorisierung der zu testenden Komponenten je nach kritischer Bedeutung adressiert werden. (2)

IT-Outsourcing verlangt eine Steuerung der externalisierten Prozesse unter Einbeziehung der Effizienz- und Effektivitätsmessung

Die zunehmenden Aktivitäten in Richtung des Outsourcings von IT stellt neue Anforderungen an das Controlling. Routinearbeiten an externe Partner auszulagern, um Skaleneffekte zu realisieren, kann die Kosten verringern. Die Kostenbetrachtung sollte für das Controlling aber nicht der einzige Fokus sein, da die Maximierung des Wertbeitrags der gesamten IT für das Unternehmen sicherzustellen ist. Gerade der Bereich IT-Service-Management steht häufig ganz oben auf der Liste der potentiellen Outsourcing-Projekte. So sehen Marktforscher auch im Jahre 2008 das Thema Outsourcing ganz oben auf der Unternehmensagenda.

Aber wie kann der perfekte Dienstleister für ein Unternehmen identifiziert werden, der zum einen die IT-Kosten senken hilft, gleichzeitig aber eine hohe Performance gewährleistet? Zu achten ist z. B. darauf, ob der identifizierte Partner seine Prozesse automatisiert hat und ob er nach ITIL zertifiziert ist. Besonders wichtig in Bezug auf die Kontrolle der Leistung ist auch die Installation von Systemen, die die Einhaltung der vereinbarten Service Levels überprüft. Ebenso sollten bereits in den Verträgen klare Vereinbarungen getroffen werden, was z. B. die Einrichtung oder Veränderung eines Zugriffsrechts kostet. Die Steuerung von Zugriffsrechten auf verschiedene Programmkomponenten muss schnell geschehen, um die Produktivität der Mitarbeiter nicht einzuschränken.

Schon bevor ein externer IT-Dienstleister beauftragt wird, ist es unabdingbar, die eigene Infrastruktur wie auch die des Anbieters zu prüfen, um einen optimalen Fit zu gewährleisten. Außerdem ist eine ideale Kosten- wie auch Leistungsposition sicherzustellen. Dies geschieht durch eine Festlegung der benötigten Qualität im Rahmen der Definition der selektiven Service Levels wie Reaktionszeit aber auch Time to Resolution. Eine hohe Transparenz der Leistung und der Kosten des Dienstleisters ist auch für die Einhaltung gesetzlicher Anforderungen zur revisionssicheren Dokumentation wichtig. (3)

Fallbeispiele

Kunden wie die TUI, der Privatkundenbereich der Deutschen Bank, das Rechenzentrum der Gothaer Versicherung, Siemens, UBS, Credit Suisse oder Wincor Nixdorf nutzen Werkzeuge zum Business Service Management der Firma Managed Objects. Wesentlicher Grund ist, dass mit dem Einsatz dieser Instrumente das Funktionieren der IT-Landschaft bestmöglich überprüft werden kann. So ist dem Unternehmen GE ein Schaden von verlorenem Umsatz in Höhe von 6,4 Millionen US-Dollar entstanden, weil nicht bemerkt wurde, dass ein Eingabe-Terminal bei einem wichtigen Kunden 64 Stunden lang nicht funktionierte. (5)

Weiterführende Literatur

(1) Kolumne Zu viel Controlling schadet der allen
aus Computerwoche, 02.05.2008, Nr. 18 Seite 4

(2) Wie sich Softwarequalität steuern lässt
aus Computerwoche, 16.05.2008, Nr. 20 Seite 20-21

(3) O.V., IT-Management-Dienste clever einkaufen, Die Klippen umschiffen, geldinstitute, 02/2008, S. 16-17
aus Computerwoche, 16.05.2008, Nr. 20 Seite 20-21

(4) Schulz, Eva, Nur jedes fünfte IT-Projekt erfüllt die Erwartungen, Projektmanagement auf Zeit, geldinstitute, 02/2008, S. 36-37
aus Computerwoche, 16.05.2008, Nr. 20 Seite 20-21

(5) „Business Intelligence für die IT-Landschaft"
aus is report, Heft 3/2008, S. 8

(6) Mit strategischem Controlling gezielt den IT-Wertbeitrag verbessern
aus HMD - Praxis der Wirtschaftsinformatik, Heft 260/2008, S. 104-117

Impressum

IT-Controlling - Softwarequalität lässt sich steuern

Bibliografische Information der deutschen Nationalbibliothek

Die Deutsche Nationalbibliothek verzeichnet diese Publikation in der deutschen Nationalbibliografie; detaillierte bibliografische Daten sind im Internet über http://dnb.d-nb.de abrufbar.

ISBN: 978-3-7379-0058-4

oder ähnliche Einrichtungen und die Einspeicherung
und Verarbeitung in elektronischen Systemen.